DES
BIBLIOTHÈQUES

COMMUNALES

AU POINT DE VUE

DE L'INSTRUCTION ET DE LA MORALISATION DU PEUPLE

PAR

M. SIMÉON PÉCONTAL

Sous-bibliothécaire adjoint du Corps Législatif

PRIX : 75 CENTIMES

PARIS

LE DOYEN, LIBRAIRE, 31, GALERIE D'ORLÉANS, PALAIS-ROYAL

AOUT, 1857

DES

BIBLIOTHÈQUES

COMMUNALES

AU POINT DE VUE

DE L'INSTRUCTION ET DE LA MORALISATION
DU PEUPLE

M. SIMÉON PÉCONTAL

Sous-bibliothécaire adjoint du Corps Législatif

PRIX : 75 CENTIMES

PARIS

LE DOYEN, LIBRAIRE, 34, GALERIE D'ORLÉANS, PALA'S-ROYAL

—

AOUT, 1857.

DES

BIBLIOTHÈQUES COMMUNALES

AU POINT DE VUE

DE L'INSTRUCTION ET DE LA MORALISATION
DU PEUPLE.

———

Couvrir la France de réseaux de fer et de fils électriques, creuser des canaux, couper des isthmes, voilà, sans contredit, des choses grandes et dignes du siècle où nous vivons. Mais l'homme appartient au monde moral et intellectuel aussi bien qu'au monde de la matière. Il ne peut l'oublier sans déchoir, et l'abaissement des peuples suit de près l'injure qu'ils se font à eux-mêmes et le préjudice qu'ils se portent en négligeant les intérêts moraux pour ne se préoccuper que des intérêts du commerce et de l'industrie.

C'est ce qui m'engage à rappeler l'attention du public sur un projet dont les résultats seraient plus pré-

cieux pour l'avenir du pays que l'exploitation de tous
nos chemins de fer, puisqu'il est destiné à opérer dans
les masses une régénération qui devient chaque jour
plus nécessaire et plus urgente. Je veux parler de l'é-
tablissement des bibliothèques communales, complément indispensable de notre système d'instruction
publique. J'ai aujourd'hui à présenter sur cette question, objet depuis longtemps de mes méditations les
plus sérieuses, une solution nouvelle qui, peut-être, ne
passera pas inaperçue. Qu'il me soit permis d'entrer
en matière par un fait ethnologique assurément très-
curieux.

Il existe dans l'île de Sumatra un peuple d'environ
deux millions d'âmes. C'est le peuple des Battas. Il
est civilisé; un code de lois remarquable le régit
depuis des siècles; il a des assemblées délibérantes
auxquelles ne manquent pas les orateurs; il possède
au plus haut degré le sentiment de l'honneur et attache
une grande importance à l'instruction élémentaire.
Tout le monde, chez les Battas, sait lire et écrire, et
pourtant ce peuple est anthropophage; la loi même
l'autorise à manger les hommes condamnés à la
peine capitale.

Ce fait a une signification que chacun saisira. Il ne
suffit donc pas d'apprendre à l'enfant à lire, à écrire et
à chiffrer pour développer la moralité dans le cœur de
l'homme ! La statistique nous offre à ce sujet un enseignement triste, mais précieux. Elle prouve que le nom-
bre des délits et des crimes a augmenté dans une pro-

portion effrayante depuis que la France a multiplié ses écoles ; que les naissances illégitimes suivent une marche toujours croissante, et que les départements les plus moraux sont ceux précisément où l'instruction publique a fait les progrès les moins rapides.

Un homme parfaitement placé pour se former une opinion exacte sur ces graves questions, un ancien inspecteur des prisons, M. Moreau Christophe, a constaté que, dans les maisons de détention des départements et dans celles de Paris, « les plus effrontés coquins, les individus les plus corrompus et les moins susceptibles d'amendement sont toujours ceux qui ont aiguisé dans les écoles l'instrument de leur intelligence. »

Je pourrais citer beaucoup de faits, beaucoup de chiffres, beaucoup d'autorités à l'appui de ces humiliantes observations. Loin de moi, cependant, la pensée d'en tirer aucune conclusion contre l'instruction ellemême. On ne maudit pas le feu parce qu'il brûle, ni le fleuve parce qu'il déborde. L'instruction doit devenir un arbre de vie pour les sociétés civilisées, et le but de l'homme en ce monde est de s'améliorer par le développement de ses facultés intellectuelles. Si l'instruction, telle qu'on la donne dans nos écoles, produit des résultats fâcheux, c'est donc qu'elle est mauvaise, ou, en d'autres termes, incomplète et insuffisante. La loi de 1833, qui l'a organisée, a oublié d'y ajouter l'élément moral, le ferment purificateur.

Il importe de sortir au plus tôt de la voie dangereuse

où nous sommes engagés, de moraliser la science et de donner pour base à l'enseignement le sentiment du devoir, d'autant plus indispensable que l'instruction est plus incomplète et plus superficielle. Mais on méconnaîtrait le but et les bienfaits de l'instruction si on la limitait à l'époque de la vie où finit l'adolescence. C'est, au contraire, à ce moment critique où la raison s'ouvre sur le monde qu'elle ignorait encore, où la pensée bouillonne, où la passion produit ses mirages trompeurs, qu'il est nécessaire de présenter à la jeunesse un aliment dont l'assimilation ait pour résultat la santé morale des générations. Au sortir de cette période d'effervescence et de transition, le besoin d'instruction devient spontané et ne nous quitte plus qu'au seuil de la tombe. Or, ce besoin d'apprendre et de savoir, suivant la manière dont il est satisfait, est pour le peuple un puissant élément de progrès et de perfectionnement, ou une cause de dissolution et de ruine.

C'est ce que l'on avait parfaitement compris il y a une vingtaine d'années, quand des hommes de bien, désireux de hâter la régénération morale, conçurent le projet de fonder des bibliothèques communales. Une telle création, opérée dans des conditions convenables, aurait assurément exercé sur le pays une salutaire influence, et prévenu l'invasion des idées socialistes. Malheureusement, toutes les tentatives faites alors et depuis ont complétement échoué.

On a voulu composer ces bibliothèques de livres isolés, de traités spéciaux, de manuels; mais on ne s'est

pas dit que ces traités et ces manuels sont ordinaire-
ment trop courts et par conséquent sans utilité pour
les gens de la spécialité, et toujours trop longs, en
raison de leur aridité, pour ceux qui n'ont pas à les lire
un intérêt particulier. Aucun lien ne les rattachant les
uns aux autres, ils s'éparpillent avec une désolante
facilité, outre que, vu leur petit format, ils ne présen-
tent aucune garantie de durée. Ne pouvant d'ailleurs
faire corps, leur groupement mesquin ne saurait inspirer cette espèce de respect qu'on éprouve à la vue
des collections de livres.

Il me paraît évident encore que, par leur composition même, de telles bibliothèques ne répondraient que
très-imparfaitement aux besoins du public. Qu'on les
composât de cinquante, de cent traités et plus encore,
on n'aurait remué que quelques gouttes d'eau dans
l'océan de la science. La dépense deviendrait énorme,
et les communes ne profiteraient que d'une manière in-
sensible des sacrifices qu'on se serait imposés pour elles,
ou de ceux qu'on leur aurait imposés à elles-mêmes.

Il existe, en outre, toute une série de difficultés
dont il faudrait tenir compte.

Comment ferait-on les traités et les livres spéciaux
dont on se proposerait de doter nos populations ru-
rales? Quels sujets choisirait-on? A qui ce choix serait-
il confié? Qui prononcerait sur le mérite des manu-
scrits? Et si ce jugement préliminaire était une condi-
tion indispensable de la création des bibliothèques,
quel homme d'un talent réel oserait l'affronter après

l'expérience acquise de la partialité dont, chaque an-
née, des aréopages du même genre donnent de si tristes
exemples? Ce comité omnipotent, ce tribunal littéraire
ne serait pas lui-même aussi facile à composer qu'on
se l'imaginerait peut-être au premier moment. Je
doute, pour ma part, qu'il pût jamais fonctionner d'une
manière satisfaisante et fructueuse. Si l'on y faisait
dominer l'élément qu'on appelle rationaliste, le clergé
tout entier devrait se lever pour paralyser ses efforts,
et avec le clergé se lèveraient tous les hommes, et ils
sont nombreux, qui regardent la prospérité de la France
comme attachée à la vérité chrétienne. Si, au contraire,
on laissait au clergé la haute main, le parti rationaliste
ameuterait contre les bibliothèques communales tous
les esprits forts qui pérorent à l'ombre des clochers de
nos paroisses.

Érigerait-on en système l'esprit de conciliation ?
Hélas ! sur ce terrain mobile de la littérature et de la
philosophie, de la science et de la théologie, de l'éco-
nomie politique et de la politique elle-même, la conciliation est une chimère et l'entente cordiale une utopie.
Deux épées peuvent se croiser sans exclure l'amitié à
venir et la sympathie du lendemain ; mais entre deux
opinions, entre deux systèmes, entre deux doctrines
tout rapprochement est impossible. Si vous vous adres-
siez à des hommes éminents dans la science, il se trou-
verait que chacun d'eux tient à la manière de voir qui
lui est particulière avec une invincible ténacité. Et
comment, je vous le demande, parviendriez-vous à

mettre d'accord, seulement avec le premier livre du Pentateuque, les historiens, les géologues, les naturalistes, les philosophes, les archéologues qui siègent dans nos lycées, dans nos écoles et dans nos Facultés? Avec le désir de tout concilier, vous vous heurteriez à chaque pas contre des difficultés nouvelles, et si vous parveniez, à force de patience, à triompher des obstacles les plus apparents, vous n'auriez réussi qu'à produire des ouvrages savants ou ingénieux, mais hors de la portée du vulgaire. Vous auriez engendré le chaos.

L'idée des bibliothèques communales n'en est pas moins d'un grand prix aux yeux de ceux qui voient avec frayeur le flot toujours montant de la démoralisation et des idées anti-sociales. Le haut clergé lui-même s'en est vivement préoccupé; mais le clergé, en matière d'instruction et d'enseignement, ne se fie qu'à lui-même, et ce n'est pas nous qui l'en blâmerons. Il a pensé à établir dans chaque canton, en attendant mieux, une bibliothèque qui se trouvera naturellement placée sous la direction du curé. S'il ne s'agissait que du choix des livres et de l'unité du point de vue, la question serait bientôt résolue; mais les difficultés matérielles sont nombreuses. Le clergé, ne disposant pas des ressources nécessaires, est obligé de recourir aux souscriptions volontaires, qui, nous le craignons, ne seront jamais assez abondantes pour lui permettre de réaliser son plan sur une large échelle.

La création des bibliothèques communales est-elle donc un problème insoluble? J'en étais arrivé moi-même, ou peu s'en faut, à cette triste conclusion après avoir assez longuement étudié les plans qui ont été proposés jusqu'à ce jour ; mais ne pouvant me résoudre à abandonner tout à fait les espérances brillantes qu'avait fait concevoir ce projet, j'ai dû rechercher s'il n'existait pas un moyen de tourner la difficulté.

Pénétrant au cœur même de la question, je demeurai bientôt convaincu que les livres au moyen desquels on peut atteindre le but proposé, doivent former, dans leur ensemble, une collection *essentiellement* encyclopédique. On ne saurait, en effet, imposer à personne l'étude de telle ou telle branche des connaissances humaines, car il en est des aptitudes comme des traits du visage, elles varient d'individu à individu, et il n'est peut-être pas sur la terre deux hommes doués des mêmes facultés. Là, comme partout, éclate la sagesse de celui qui a créé les mondes et leurs habitants, car la civilisation découle précisément de cette infinie variété qui force les hommes à poursuivre le progrès dans toutes ses voies et sous toutes ses formes. Les Bibliothèques communales, pour porter véritablement leurs fruits, doivent donc s'adresser à la fois à toutes les intelligences, c'est-à-dire embrasser toutes les branches du savoir humain. Je ne crois pas qu'il soit possible de contester sérieusement ce principe, à mon avis, fondamental, et basé sur l'organisation même de l'homme.

La Bibliothèque communale ainsi conçue, il ne se

présentait que deux moyens pour la réaliser. J'ai déjà démontré les difficultés insurmontables du premier, consistant à la composer d'ouvrages isolés, de traités spéciaux, et j'insiste, en ajoutant que la Bibliothèque ainsi organisée demeurerait toujours incomplète, par la double raison qu'on ne parviendrait jamais à la composer d'autant de traités qu'il existe de branches dans la science, et que les traités s'égarant, se perdant et se détériorant en passant de mains en mains, devraient être fréquemment remplacés, de sorte que la collection entraînerait des frais continuels, et, si on voulait la rendre complète, acquerrait des proportions énormes incompatibles avec les ressources limitées des communes.

Le second moyen consisterait à former la Bibliothèque tout d'une pièce, ou, en d'autres termes, à la composer d'une *Encyclopédie* résumant avec méthode et logique, dans un vaste cadre, la masse imposante de nos connaissances. Là gît la véritable solution de la question, et, je n'hésite pas à le déclarer, la seule solution possible.

On reconnaîtra même, pour peu qu'on y réfléchisse, que l'opinion publique, manifestation énergique de l'instinct national et des besoins réels des populations, s'est depuis longtemps prononcée dans le même sens, non-seulement en France, mais encore en Allemagne et en Angleterre. Si, en effet, on a vu se répandre simultanément dans ces contrées, placées à la tête de la civilisation, quinze ou vingt Encyclopédies dont

une, entre autres, chez nos voisins d'outre-Rhin, a
obtenu un succès immense, et s'est tirée à près de
100,000 exemplaires, n'en faut-il pas nécessairement
conclure que les Encyclopédies sont, à notre époque,
les ouvrages les plus propres à faire descendre l'instruction dans les masses?

Si ces faits ne parlaient pas assez haut, le simple
raisonnement nous conduirait aux mêmes conclusions,
comme il y avait conduit Diderot et d'Alembert qui,
pour ébranler l'édifice social, comprirent, avec une
sagacité profonde, que la forme la plus populaire sous
laquelle ils pussent produire leurs idées, était celle
d'une Encyclopédie. S'étaient-ils trompés? L'histoire
est là pour nous répondre.

Les livres spéciaux sont très-difficilement abordés
par les lecteurs, découragés déjà au seul aspect des
centaines de pages qu'on leur offre sur la même matière.
Ils désireraient, la plupart du temps, s'éclairer sur un
fait particulier; mais pour trouver ce fait, ils se voient
condamnés à feuilleter et à parcourir tout un volume,
sans être certains de découvrir l'objet de leurs recher-
ches. Avec une Encyclopédie, au contraire, on tombe
du premier coup sur le renseignement demandé, for-
mant le sujet d'un article dont les limites n'ont rien
d'effrayant, et où la question est complétement résu-
mée dans un style clair et concis. L'Encyclopédie est
donc, par sa nature, essentiellement pratique, et par
conséquent, essentiellement populaire. Elle exclut
toute prétention, toute amphibologie, tout raisonne-

ment parasite. L'écrivain s'y efface malgré lui, pour laisser la parole à l'instituteur chargé d'occuper une chaire dans cette grande école qui ne se propose rien moins qu'un enseignement universel, basé sur des principes dont tous les collaborateurs doivent nécessairement s'inspirer. L'unité de vues et la communauté d'idées donnent de la sorte une valeur plus grande à tous les détails de cette vaste composition, et c'est là un avantage immense qu'il serait impossible d'obtenir en composant les Bibliothèques de traités isolés, où chaque auteur, maître absolu de son sujet, ferait invinciblement prédominer ses opinions personnelles.

L'utilité pratique d'une bonne Encyclopédie ne saurait être véritablement l'objet d'un doute. C'est pour la rendre en quelque sorte palpable que les lignes suivantes ont été écrites : « Figurez-vous un homme environné d'oracles qu'il peut consulter à chaque instant sur ce qu'il a intérêt de connaître, de savoir ou d'éclaircir. Un nom, une date, un objet matériel, un être organisé, végétal ou animal ; une question historique, une loi, un art, une industrie, une invention, une découverte, une question de science naturelle, de dogme, de morale, de politique ; cet homme interroge des yeux et reçoit à l'instant la réponse : c'est qu'il a, pour ainsi dire à ses ordres, une intelligence universelle, toujours prête à résoudre les difficultés qui l'embarrassent. Or une encyclopédie par ordre alphabétique peut seule rendre ces services de tous les moments. Elle instruit toujours, sans jamais fatiguer, parce qu'elle ne donne que la notion utile qu'on lui demande, sans égarer l'esprit dans des détails trop secondaires. »

Ces paroles sont l'expression saisissante de la vérité. Elles font bien comprendre tous les avantages qu'on peut retirer d'une encyclopédie pour la diffusion des lumières et le perfectionnement de l'instruction publique : ceux qu'un homme désireux de compléter son éducation peut en attendre pour lui-même, et ceux enfin qu'elle prodigue aux personnes du monde qui ont besoin à chaque instant d'éclaircir une foule de points demeurés obscurs dans leurs lectures et dans leurs conversations.

Il m'a été permis de juger par moi-même des avantages qu'une population entière peut retirer d'un ouvrage de ce genre.

Je me trouvais récemment dans le département où je suis né, et j'allai voir, dans une localité voisine, un homme non moins respectable par sa position sociale que recommandable par ses bonnes aspirations. Cet homme d'élite, après avoir fait déposer à la mairie de sa commune un exemplaire de l'*Encyclopédie du XIXe siècle,* avait dit aux habitants : « Mes amis, une petite somme m'a donné la science infuse; je vous offre des consultations gratuites sur toutes les choses qui peuvent vous intéresser. » Une heure fut indiquée pour chaque dimanche, et l'espoir de l'homme de bien ne fut pas déçu. Les demandeurs de con-

seils accoururent. A partir de ce jour, les procès
sont devenus très-rares dans la commune ; l'agri-
culture a été améliorée, car cette Encyclopédie fait
connaître les meilleurs procédés, les perfectionne-
ments de toute nature, tout ce qui a rapport aux
engrais, aux instruments agricoles, etc. Les paysans
ont appris, à l'aide du texte et des gravures, à recon-
naître les qualités laitières de la vache, les meilleures
conditions d'hygiène pour les hommes et pour les bes-
tiaux, pour les maisons et pour les étables, les symp-
tômes précurseurs des maladies et le régime à suivre
avant l'arrivée du médecin ou du vétérinaire, ou
même pendant toute la durée du mal. Des préjugés
funestes ont disparu ; des procédés économiques et
des recettes utiles ont été popularisés ; la commune
dont il s'agit a reçu, en un mot, de nouveaux éléments
de vie, de prospérité et de moralité.

Il n'est pas en France une commune qui n'eût à
attendre les mêmes bienfaits d'une bonne Encyclopédie ; dans les communes même qui sont le plus ar-
riérées, il se rencontrerait toujours, au sein du Conseil
municipal, quelques hommes capables de faire servir
un tel ouvrage au bien de leurs concitoyens. Le curé
d'ailleurs et l'instituteur s'acquitteraient avec succès de
cette mission, et beaucoup de paysans et d'ouvriers
pourraient par eux-mêmes profiter des enseignements
d'un livre rédigé avec clarté et simplicité.

Après tout ce qui vient d'être dit, il me paraît
inutile de chercher de nouveaux arguments pour éta-

blir ce fait, désormais incontestable, qu'une *Encyclopédie doit servir de base aux Bibliothèques communales* qu'on pourra ensuite enrichir successivement de
livres spéciaux, appropriés aux besoins particuliers
des diverses localités. L'exécution d'un tel ouvrage
rencontrera, il est vrai, plus d'un obstacle ; je ne sau-
rais me le dissimuler. De regrettables collisions d'o-
pinions pourront éclater autour de son berceau, car il
sera nécessaire de réclamer le concours de nos cinq
académies, et d'une multitude d'hommes éminents
dans la science et dans la littérature. Cette Encyclopédie, pour obtenir les sympathies du clergé, aura en
outre à se préoccuper du soin toujours délicat d'échap-
per à la sévérité de la Préfecture de l'index, qui n'hésite jamais, sur une simple proposition hasardée, à
faire peser son interdit, même sur des ouvrages écrits
par des hommes dévoués à la cour de Rome. Mais,
avec un bon comité de directeurs spéciaux réunis
dans une pensée commune, toutes les difficultés pourraient être surmontées. Il restera malheureusement la
question de temps qui est à nos yeux la plus sérieuse;
car au milieu de l'anarchie des idées et du flot toujours
montant des doctrines subversives, il importe de donner au plus tôt à la société, les éléments d'instruction
et de moralisation qui lui manquent. Or, la création
d'une œuvre Encyclopédique appropriée aux besoins
de nos populations, ne demandera pas moins de douze
ou quinze années.

Préoccupé avec raison d'un retard si préjudiciable,

j'ai été induit à rechercher si parmi les six encyclopédies que nous possédons en France, il n'en existe-
rait pas une qui pût remplir le but qu'on se propose.
Je me suis livré à cet examen sans idées préconçues,
et j'ai le regret de le dire, il n'a été nullement satis-
faisant. Une rapide appréciation de ces ouvrages suf-
fira pour motiver mon opinion.

L'*Encyclopédie Catholique*, compilation informe et
indigeste, n'est, sous aucun rapport, à la hauteur de
la science.

L'*Encyclopédie Nouvelle*, dirigée par MM. Pierre
Leroux et J. Reynaud, avec un talent parfois très-élevé,
semblait s'être bercée de la chimérique espérance de
renverser le christianisme. Elle n'a pu fournir que la
moitié de sa carrière, et elle ne sera jamais continuée.

Le *Dictionnaire de la Conversation* répond à son
titre. Il a sacrifié presque toujours l'utile à l'agréable,
et s'est préoccupé beaucoup plus des choses du jour
que de la science dans son ensemble. La biographie
des hommes vivants y absorbe, très-mal à propos, une
place énorme, et les gravures y manquent absolument.

L'*Encyclopédie Moderne*, conçue dans des idées
hostiles au catholicisme et même au christianisme, est
et restera fort incomplète malgré le *complément* qu'on
y ajoute. Une foule d'articles importants y ont été
omis, et la biographie en a été exclue.

L'*Encyclopédie des gens du monde*, dirigée par
M. Schnitzler, est un ouvrage sérieusement fait, dont
on ne saurait méconnaître le mérite et la valeur ; mais

cette encyclopédie s'étant renfermée dans 22 volumes, est restée fort incomplète en même temps qu'elle est dépourvue de gravures. Elle est d'ailleurs l'organe du protestantisme, et ne s'adresse en France qu'à une petite minorité.

L'*Encyclopédie du XIX* siècle, répertoire *universel des sciences, des lettres et des arts*, l'emporte incontestablement sur ses cinq rivales. Elle renferme dans ses 53 volumes la substance d'une bibliothèque de dix mille ouvrages. Les matières théologiques y sont présentées sous une forme essentiellement modérée, et avec une pureté de doctrine qui lui a valu l'approbation du Saint-Siége ainsi que l'estime des prélats français les plus éminents. Les questions de morale y sont traitées d'une manière non moins irréprochable. Plus qu'aucune autre elle est l'expression de la science à notre époque; elle est la plus complète, la mieux coordonnée, la seule qui ait parsemé son texte de gravures destinées à donner une intelligence plus complète de la zoologie, de la botanique, de la mécanique, de l'astronomie, de l'architecture, etc. Ajoutons enfin, et ce fait a bien son importance, qu'elle est, au point de vue typographique, celle dont on peut avec le plus de facilité se permettre la lecture, quand on n'a plus ses yeux de vingt ans.

Ces qualités éminentes et l'impression qu'avaient produite sur moi les services rendus par cette Encyclopédie dans une commune de mon département, m'avaient fait concevoir l'espérance qu'on pourrait trouver en elle la Bibliothèque communale tant rêvée. Mais un examen plus attentif ne tarda pas à me convaincre qu'elle ne saurait, non plus que les précédentes, remplir le but qu'on se propose. Elle se terminait, en effet, au moment ou l'empire est venu rendre à la France sa prépondérance dans l'Europe et dans le monde. Rédigée en grande partie sous la royauté, elle perpétue avec les idées parlementaires des doctrines hostiles au premier empire, et qui, par conséquent, ne pourraient se concilier avec le régime actuel. Elle demeure enfin étrangère aux changements nombreux qui se sont opérés, depuis quelques années, dans notre organisation administrative, politique et financière. Dès lors, on ne peut songer à la placer dans les Bibliothèques dont nous voulons doter les communes. Ces Bibliothèques ont, assurément, pour but principal de moraliser le peuple et de mettre à sa portée une instruction dont la nécessité se fait sentir chaque jour davantage ; mais on comprend aussi qu'au lieu de conserver parmi les populations les traditions politiques du passé, il est indispensable de leur faire connaître les institutions qui régissent aujourd'hui la France.

La création d'une nouvelle Encyclopédie, qu'on pourrait appeler *Encyclopédie Nationale,* est ainsi une nécessité dont il est impossible de se dégager. Les difficultés d'exécution que j'ai dû signaler s'amoindriraient considérablement, ou même s'évanouiraient tout à fait devant l'adhésion hautement manifestée de tous les hommes dévoués aux idées d'ordre et aux saines doctrines, et devant le concours de toutes les notabilités de la science, qui, sans doute, ne feraient pas défaut à une si grande entreprise. Il ne s'agit pas seulement de défendre la société ; il s'agit de la raffermir sur sa base ébranlée, et de préparer à la génération nouvelle, par une sage diffusion des lumières, un avenir de calme et de stabilité.

5791   Imprimerie Renou et Maulde, rue de Rivoli, 144.

Imprimerie RENOU et MAULDE, rue de Rivoli, 144.